ICS 01.140
A 14
备案号:43467-2014

WH

中华人民共和国文化行业标准

WH/T 65—2014

电子图书元数据规范

Electronic book metadata specifications

2014-01-06 发布　　2014-04-01 实施

中华人民共和国文化部　发布

图书在版编目(CIP)数据

WH/T 65—2014 电子图书元数据规范/中华人民共和国文化部发布. --北京:国家图书馆出版社,2015.12

中华人民共和国文化行业标准

ISBN 978－7－5013－5747－5

Ⅰ.①W… Ⅱ.①中… Ⅲ.①电子图书—数据管理—规范—中国 Ⅳ.①G255.75－65

中国版本图书馆 CIP 数据核字(2015)第 292013 号

书　　名	WH/T 65—2014 电子图书元数据规范
著　　者	中华人民共和国文化部　发布
责任编辑	高　爽　王炳乾

出　　版	国家图书馆出版社(100034　北京市西城区文津街 7 号) (原书目文献出版社　北京图书馆出版社)
发　　行	010－66114536　66126153　66151313　66175620 66121706(传真),66126156(门市部)
E-mail	nlcpress@ nlc. cn(邮购)
Website	www. nlcpress. com ——→投稿中心
经　　销	新华书店
印　　装	北京科信印刷有限公司
版　　次	2015 年 12 月第 1 版　2015 年 12 月第 1 次印刷

开　　本	889×1194(毫米)　1/16
印　　张	2.25
字　　数	27 千字

书　　号	ISBN 978－7－5013－5747－5
定　　价	20.00 元

目　次

前言 …… I

引言 …… I

1　范围 …… 1

2　规范性引用文件 …… 1

3　术语和定义 …… 1

4　电子图书著录 …… 2

　4.1　范围界定 …… 2

　4.2　著录单位 …… 2

　4.3　著录对象之间的关系 …… 2

5　元素集及扩展原则 …… 3

　5.1　元素集 …… 3

　5.2　扩展原则 …… 5

6　元数据规范术语定义属性 …… 5

7　元素及其修饰词定义 …… 6

　7.1　元素 …… 6

　7.2　元素修饰词 …… 12

　7.3　编码体系修饰词 …… 19

参考文献 …… 26

前　言

本标准按照 GB/T 1.1—2009 给出的规则起草。

请注意本文件的某些内容可能涉及专利。本文件的发布机构不承担识别这些专利的责任。

本标准由全国图书馆标准化技术委员会(SAC/TC 389)提出并归口。

本标准主要起草单位:国家图书馆、上海交通大学图书馆、广东省立中山图书馆。

本标准主要起草人:邢军、梁蕙玮、萨蕾、张红、郑巧英、陈幼华、曲建峰、田颖、毛凌文、潘咏怡。

引　言

本标准参考国家标准 GB/T 25100—2010《信息与文献——都柏林核心元数据元素集》,同时参考了科技部科技基础性工作专项资金重大项目“我国数字图书馆标准规范建设”子项目“专门数字对象描述元数据规范”的研究成果及 ANSI/NISO Z39.85—2007《都柏林核心元数据元素集》(ISSN: 1041 - 5635)、都柏林核心元数据计划(The Dublin Core Metadata Initiative,简称 DCMI)发布的《都柏林核心元数据元素集》1.1 版(2008 - 01 - 14)、RFC 5013《都柏林核心元数据元素集》。

电子图书元数据规范

1 范围

本标准规定了电子图书的范围,著录对象,著录对象间的关系,在此基础上确立了电子图书元数据规范的元素集及扩展规则,并详细定义了元素及其修饰词。本标准针对电子图书的通用性元素进行设计,如需要描述特定类型的元素,可以在本标准元数据框架的基础上,进行扩展。

本标准适用于图书情报行业,其他专业资源领域可直接或经修订后采用,但其修订必须遵循本标准的基本原则与扩展原则。

2 规范性引用文件

下列文件对于本文件的应用是必不可少的。凡是标注日期的引用文件,仅所标注日期的版本适用于本文件。凡是不注日期的引用文件,其最新版本(包括所有的修改单)适用于本文件。

GB/T 2659—2000 世界各国和地区名称代码

GB/T 4880.2—2000 语种名称代码 第2部分:3字母代码

GB/T 7408—2005 数据元和交换格式 信息交换 日期和时间表示法

GB/T 12406—2008 表示货币和资金的代码

GB/T 18391.3—2009 信息技术 元数据注册系统(MDR) 第3部分:注册系统元模型与基本属性

GB/T 25100—2010 信息与文献——都柏林核心元数据元素集

DCMI Usage Board. DCMI Metadata Terms[EB/OL].[2012-09-21]. http://dublincore.org/documents/dcmi-terms/.

Library of Congress. Metadata Object Description Schema[EB/OL].[2012-09-21]. http://www.loc.gov/standards/mods/mods-outline.html

3 术语和定义

下列术语和定义适用于本文件。

3.1

DCMI—都柏林核心元数据计划 DCMI-Dublin Core Metadata Initiative

都柏林核心元数据元素集的维护机构。

[GB/T 25100—2010,术语和定义 3.1]

3.2

电子图书 electronic book;eBook

以数字形式制作、出版、存取和使用的图书,一般以磁性或电子载体,并借助一定的阅读软件和设备读取。

［GB/T 4894—2009，术语和定义 4.2.1.14］

3.3

元数据　metadata

定义和描述其他数据的数据。

［GB/T 18391.3—2009，术语和定义 3.2.18］

3.4

元素　element

电子图书元数据的基本语义单位，描述电子图书元数据框架内的基本实体。

3.5

修饰词　refinement

对电子图书元数据语义单位的细化，是某一语义单位的属性的描述。

3.6

元素修饰词　element refinement

对元素的语义进行修饰、提高元素的专指性和精确性。

3.7

编码体系修饰词　encoding scheme

用来帮助解析某个术语值的上下文信息或解析规则。其形式包括受控词表、规范表或者解析规则。

3.8

规范文档　authority file

说明著录元素内容时依据的各种规范。

3.9

复用　reuse

在元数据应用过程中，对于其他元数据标准中已经有明确定义并适用于本应用领域的元素的直接使用，并在使用时明确标明其地址。

4　电子图书著录

4.1　范围界定

本标准中所规范的电子图书主要指以数字形式制作、出版、存取和使用的图书，一般以磁性或电子载体为存储载体，并借助一定的阅读软件和设备读取，包括由印刷型图书数字化而成的派生电子图书及原生电子图书。

4.2　著录单位

电子图书一般以具有独立标识（如 ISBN、URI 等）的一个发布单元为著录单位，如：一部以数字化形式制作的图书或数字化制作图书的一个析出文献，也可以是成套系的电子图书整体。

4.3　著录对象之间的关系

电子图书的不同对象之间会存在各种联系，这些联系影响着电子图书著录对象的确定与著录单位的选择。从实际应用来看,电子图书著录对象之间的包含、并列与派生关系具有代表性。

——包含关系:成套的电子图书与其中单部电子图书的关系,或单部电子图书与其局部章节/知识单元的关系。

——并列关系:成套或成系列的电子图书中各单册电子图书之间的关系,或以合订形式出版的电子图书之间的关联关系。

——派生关系:内容相同、由取得版权的同一出版者出版的不同格式电子图书之间的关系;内容相同、由取得版权的不同出版者出版的格式相同或相异的电子图书之间的关系。

5 元素集及扩展原则

5.1 元素集

元数据元素集共 19 个元素,见表 1。如有特别需要,可进行本地扩展。

表 1 电子图书元数据元素及修饰词列表

元素	元素修饰词	编码体系修饰词	复用标准
题名			dc:title
	交替题名		dcterms:alternative
创建者			dc:creator
主题		国会图书馆主题词表(LCSH) 医学主题词表(MeSH) 杜威十进分类法(DDC) 国会图书馆分类法(LCC) 国际十进分类法(UDC) 汉语主题词表(CT) 中国分类主题词表(CCT) 中国图书馆分类法(CLC) 中国科学院图书馆图书分类法(LASC)	dc:subject
描述			dc:description
	摘要		dcterms:abstract
	目次		dcterms:tableOfContents
出版者			dc:publisher
其他责任者			dc:contributor
日期		GB/T 7408—2005 Period	dc:date
	出版日期		
	创建日期		dcterms:created
	获取日期		dcterms:available

表1　电子图书元数据元素及修饰词列表(续)

元素	元素修饰词	编码体系修饰词	复用标准
类型		DCMIType	dc:type
格式		因特网媒体类型(IMT)	dc:format
	资源载体		dcterms:medium
	文件大小		
	页码		
	技术细节		
标识符		国际标准图书编号(ISBN) 统一资源标识符(URI) 数字对象唯一标识符(DOI)	dc:identifier
来源		ISBN URI DOI	dc:source
语种		GB/T 4880.2—2000 RFC 4646	dc:language
关联		ISBN URI DOI	dc:relation
	包含		dcterms:hasPart
	包含于		dcterms:isPartOf
	参照		dcterms:references
	被参照		dcterms:isReferencedBy
	其他版本		dcterms:hasVersion
	原版本		dcterms:isVersionOf
	其他格式		dcterms:hasFormat
	原格式		dcterms:isFormatOf
时空范围			dc:coverage
	空间范围	Point GB/T 2659—2000	dcterms:spatial
	时间范围	Period GB/T 7408—2005	dcterms:temporal
权限			dc:rights
	版权拥有者		dcterms:rightsHolder
	使用权限		dcterms:accessRights
版本			MODS:edition
馆藏信息			MODS:location
价格		GB/T 12406—2008	
书评			

5.2 扩展原则

5.2.1 新增加的元素和修饰词须优先采用 DCMI 中采用的元素和修饰词,或者是现有的其他元数据标准中的元素和修饰词。

5.2.2 新增元素如果复用来自其他元数据标准的元素或修饰词,要求必须说明来源,使用时严格遵守其语义。

5.2.3 在现有的元数据标准中,如果没有十分恰当的元素可供复用,允许自行扩展元素。

5.2.4 自行扩展的元素不能和已有的元素有任何语义上的重复。

5.2.5 扩展的修饰词必须遵循向上兼容原则,即修饰词在语义上不能超出被修饰词(元素)的语义。

6 元数据规范术语定义属性

在本标准中,元素名为英文,以便于计算机标记和编码,并保证与其他语种和其他元数据标准(如DC)应用保持语义一致性;标签为中文,便于阅读。

根据 DCMI 命名域政策[DCMI-NAMESPACE],元素名("name")应附加于 DCMI 命名域的 URI 后,构成统一资源标识符,作为该元素的全球性唯一标识符。

一般而言,每一元素均为可选,且可重复。但 title 是必备的,identifier 有则必备。

本标准所有元素均为非限制性的,如果在特定的项目或应用中使用,可进行必要的扩展,并增加使用说明。本标准中的元素描述及示例中有可能涉及扩展描述。

本标准中的标签只是元素名的一个语义属性,在具体的应用领域,为突出资源的个性和元数据的专指性,更好地体现该元素在具体应用中的语义,允许赋予其适合的标签,但语义上与原始定义不允许有冲突、不允许扩大原始的语义。

本标准定义的所有元素与顺序无关。同一元素(如 creator)多次出现,其排序可能是有意义的,但不能保证排序会在任何系统中保存下来。

为促进全球互操作,很多元素描述建议其元素的值取自受控词表。同样,为了某些特定领域内的互操作性,也可以开发利用其他受控词表。

为了便于理解与使用,每一元素后增加一些示例,说明其具体用法,但元素的使用当不限于示例所举。

为规范元数据标准中元素及修饰词等术语及定义,本标准所有元素术语的定义借鉴 DCMI 术语的定义方法以及 GB/T 18391.3—2009 标准,根据实际使用情况,按表 2 中给出的 14 个方面进行定义。

表 2 电子图书元数据规范术语定义

序号	属性名	属性定义	约束
1	名称(Name)	赋予术语的唯一标记,一般为英文小写	必备
2	出处(Defined By)	一般给出定义术语(特别是给出术语"名称"与"统一资源标识符")的来源名称及来源的 URI。如无来源名称与 URI,也可以是定义术语或维护术语的机构名称。或者也可以是书目引文,指向定义该术语的文献	必备
3	标签(Label)	描述术语的可读标签,一般为中文,可随资源不同选择不同的描述术语	必备

表 2 电子图书元数据规范术语定义(续)

序号	属性名	属性定义	约束
4	定义(Definition)	对术语概念与内涵的说明	必备
5	注释(Comments)	关于术语或其应用的其他说明,如特殊的用法等	可选
6	术语类型(Type of Term)	术语的类型。其值为:元素、元素修饰词和编码体系修饰词	必备
7	限定(Refines)	在定义元素修饰词时,在此明确指出该术语修饰的元素。一般给出所修饰元素的名称,推荐同时给出 URI	有则必备
8	元素修饰词(Refined By)	在定义元素时,在此项中给出限定此元素的元素修饰词。一般给出元素修饰词的名称,推荐同时给出 URI	有则必备
9	编码体系应用于(Encoding Scheme For)	在定义编码体系修饰词时,在此给出该术语修饰的元素。一般给出所修饰元素的名称,推荐同时给出 URI	有则必备
10	编码体系修饰词(Encoding Scheme)	在定义元素时,如果元素有编码体系修饰词,在此给出编码体系修饰词,一般给出术语的名称,推荐同时给出 URI	有则必备
11	数据类型(Data Type)	术语允许取值的数据类型	可选
12	版本(Version)	产生该术语的元数据规范版本	可选
13	语言(Language)	用来说明术语的语言	可选
14	频次范围(Occurrence)	术语使用的频次范围。采用区间的表示方法:[min,max],同时包括了对必备性和最大使用频次的定义。min =0 表示可选;min =1 表示必须;max = 10 表示最大使用频率为 10 次;max = ∞ 表示最大使用频次没有限制	可选
注:上述属性中的四项作如下固定取值: a)版本:1.0 b)语言:缺省为简体中文 c)数据类型:字符串 d)频次范围:一般不限,为[0,∞),在制订著录规则时应给出实际的范围			

7 元素及其修饰词定义

7.1 元素

7.1.1 题名

名称:title

出处:Dublin Core Terms:http://purl.org/dc/terms

标签:题名

定义:电子图书的名称。

注释:一般指电子图书正式公开的名称,可以由若干部分组成,如电子图书的主要名称与其他说明该名称的文字。电子图书的名称按其在规定信息源上出现的语句、顺序、字体(繁简字体)、拼写转录。建议采用 ISBD 的著录标识符。

术语类型:元素

元素修饰词:交替题名

示例:

题名:胡适文存. 第一卷

7.1.2 创建者

名称:creator

出处:Dublin Core Terms:http://purl. org/dc/terms

标签:创建者

定义:电子图书内容创作的主要责任人或团体。

注释:创建者的实体包括个人、组织或某项服务。通常用创建者的名称来标识这一条目。建议为创建者名称建立规范档。

术语类型:元素

示例:

创建者:International Conference on Production Research
(12th:1993:Lappeenranta,Finland)

7.1.3 主题

名称:subject

出处:Dublin Core Terms:http://purl. org/dc/terms

标签:主题

定义:描述电子图书主题内容的受控或非受控的词汇和类号。

注释:a)有一个以上主题(主题词串、分类号等)时,重复本元素。

b)元数据应用机构可根据需要采用其他编码体系修饰词。关键词不需编码体系修饰词。

术语类型:元素

编码体系修饰词:美国国会图书馆主题词表(LCSH);医学主题词表(MeSH);杜威十进分类法(DDC);美国国会图书馆分类法(LCC);国际十进分类法(UDC);汉语主题词表(CT);中国图书馆分类法(CLC);中国科学院图书馆图书分类法(LASC);中国分类主题词表(CCT)

示例:

主题:H31(编码体系 = CLC)

7.1.4 描述

名称:description

出处:Dublin Core Terms:http://purl. org/dc/terms

标签:描述

定义:对电子图书内容的说明描述。

注释:用于说明电子图书目次、摘要、附注等信息。

术语类型:元素

元素修饰词:目次;摘要。

示例：

目次：第1章，绪论；第2章，线性表

7.1.5 出版者

名称：publisher

出处：Dublin Core Terms：http://purl.org/dc/terms

标签：出版者

定义：使资源可以获得和利用的责任实体。

注释：a）有一个以上出版者时，重复本元素。

b）对于由印刷型图书转化而来的电子书，可采用如下处理方法：即在出版者处著录印刷型图书的出版者，而在权限项说明其数字版权拥有者。

c）对于网络出版的电子图书，根据其出版协议签署机构来确定出版者。

术语类型：元素

示例：

出版者：北京大学出版社

7.1.6 其他责任者

名称：contributor

出处：Dublin Core Terms：http://purl.org/dc/terms

标签：其他责任者

定义：对电子图书内容做出贡献的主要责任者之外的实体。

注释：其他责任者的实体包括个人、组织或某项服务。通常用其他责任者的名称来标识这一条目。建议为其他责任者名称建立规范档。具体应用时，宜采用 *UNIMARC Manual：Bibliographic Format* 中“附录C：责任关系词代码”（Appendix C：Relator Codes）对“其他责任者”元素进行限定。

术语类型：元素

示例：

其他责任者：朱生豪（1912—1944）

7.1.7 日期

名称：date

出处：Dublin Core Terms：http://purl.org/dc/terms

标签：日期

定义：指与电子图书生存期间某一事件相关的日期。

术语类型：元素

元素修饰词：出版日期；创建日期；获取日期。

编码体系修饰词：GB/T 7408—2005；Period

示例：

出版日期：1996－10（编码体系＝GB/T 7408—2005）

7.1.8 类型

名称:type

出处:Dublin Core Terms:http://purl.org/dc/terms

标签:类型

定义:电子图书的类别。

注释:本标准类型缺省取值为“电子图书”。

术语类型:元素

编码体系修饰词:DCMIType

示例:

类型:电子图书

7.1.9 格式

名称:format

出处:Dublin Core Terms:http://purl.org/dc/terms

标签:格式

定义:电子图书的物理或电子形态。

注释:a)有一种以上格式时,重复本元素。

b)元数据应用机构可根据具体应用采用其他编码体系修饰词。

术语类型:元素

元素修饰词:资源载体;文件大小;页码;技术细节

编码体系修饰词:IMT

示例:

资源载体:CD-ROM

7.1.10 标识符

名称:identifier

出处:Dublin Core Terms:http://purl.org/dc/terms

标签:标识符

定义:确认电子图书的唯一标识。

注释:著录在特定的环境中确认电子图书的唯一标识,如URI、ISBN、DOI。

术语类型:元素

编码体系修饰词:URI;DOI;ISBN

示例:

标识符:7-81050-922-1(编码体系=ISBN)

7.1.11 来源

名称:source

出处:Dublin Core Terms:http://purl.org/dc/terms

标签:来源

定义:电子图书的出处信息。

注释:著录资源的出处信息,当前资源可以是来源资源的全部或一部分。

术语类型:元素

编码体系修饰词:URI;DOI;ISBN

示例:

来源:7－81050－972－1(编码体系＝ISBN)

7.1.12 语种

名称:language

出处:Dublin Core Terms:http://purl.org/dc/terms

标签:语种

定义:电子图书的文字语种。

注释:著录电子图书的文字语种。一种以上语种时,重复本元素。元数据应用机构可根据具体应用采用其他编码体系修饰词。

术语类型:元素

编码体系修饰词:GB/T 4880.2—2000;RFC4646

示例:

(名称:阴阳师安倍晴明)

语种:chi(编码体系＝GB/T 4880.2—2000)

语种:jpn(编码体系＝GB/T 4880.2—2000)

注:该电子图书为双语对照的网络电子图书。

7.1.13 关联

名称:relation

出处:Dublin Core Terms:http://purl.org/dc/terms

标签:关联

定义:与著录的电子图书关联的其他资源。

注释:著录与电子图书关联的其他资源,这些关系包括:包含与被包含、参照与被参照、其他版本与原版本、其他格式与原格式等。相关资源一般独立存在。元数据应用机构可根据具体应用采用其他编码体系修饰词。

术语类型:元素

元素修饰词:包含;包含于;参照;被参照;其他版本;原版本;其他格式;原格式

编码体系修饰词:URI;DOI;ISBN

示例:

包含:http://reference.lib.sjtu.edu.cn/cgi-bin/(编码体系＝URI)

7.1.14 时空范围

名称:coverage

出处:Dublin Core Terms:http://purl. org/dc/terms

标签:时空范围

定义:电子图书内容的时间、空间特征。

注释:著录电子图书内容涉及的时间、空间。在需要对时间、空间区别表达时,应采用相应的修饰词。

a)有一个以上时空范围时,重复本元素。相对应的时间范围与空间范围著录于同一"时空范围"元素项。

b)元数据应用机构可根据具体应用采用其他编码体系修饰词。

术语类型:元素

元素修饰词:时间范围;空间范围

编码体系修饰词:period;GB/T 7408—2005;point;GB/T 2659—2000

示例:

时间范围:中世纪

7.1.15 权限

名称:rights

出处:Dublin Core Terms:http://purl. org/dc/terms

标签:权限

定义:电子图书本身所有的,或被赋予的权限信息。

注释:用于著录电子图书的版权信息及其相关使用访问权限信息。

术语类型:元素

元素修饰词:版权拥有者;使用权限

示例:

版权拥有者:北大方正

7.1.16 版本

名称:edition

出处:Metadata Object Description Schema:http://www. loc. gov/mods

标签:版本

定义:电子图书的版本。

注释:著录电子图书的版本或版次信息以及其他附加说明。

术语类型:元素

示例:

版本:第 2 版

7.1.17 馆藏信息

名称:location

出处:Metadata Object Description Schema:http://www. loc. gov/mods

标签:馆藏信息

定义:电子图书的收藏机构及相关地址信息。

注释:用于说明电子图书的收藏信息,如光盘电子书的馆藏地址。

术语类型:元素

示例:

(题名:见证省思践行)

(资源载体:CD－ROM)

馆藏信息:2010/EOD/001300

注:该电子图书是国家图书馆馆藏的 CD－ROM 电子图书,将其光盘索取号著录于此。

7.1.18 价格

名称:price

出处:国家图书馆电子图书元数据规范和著录规则

标签:价格

定义:电子图书的价格说明。

注释:著录电子图书信息源上所标识的价格或获取价格。有多个价格时本元素可重复。

术语类型:元素

编码体系修饰词:GB/T 12406—2008

示例:

价格:CNY 30.00 (印刷版)(编码体系 = GB/T 12406—2008)

7.1.19 书评

名称:book review

出处:国家图书馆电子图书元数据规范和著录规则

标签:书评

定义:对电子图书内容或形式进行介绍或评述的文字。

注释:用于著录电子图书以较正式的方式发布的书评,并说明评论者及来源。

术语类型:元素

示例:

书评:这是一部集经济管理与软件科技于一体的著作,也是在麻省理工、哈佛、芝加哥和伦敦大学执教的几位著名学者多年研究与教学成果的结晶。该书荣获 2006 年美国出版商协会经济管理类年度奖。——摘自“当当网”。

7.2 元素修饰词

7.2.1 交替题名

名称:alternative

出处:Dublin Core Terms:http://purl.org/dc/terms

标签:交替题名

定义:可代替电子图书正式题名的其他任何题名。

注释:著录可代替电子图书题名使用的任何其他题名,包括副题名、并列题名、缩略题名、翻译题名等。建议采用 ISBD 的著录标识符。

术语类型:元素修饰词

限定:题名(title)

示例:

交替名称:L'Armée française et la stratégie de défense de la France

注:题名:法军与法国国防战略

7.2.2 目次

名称:table of contents

出处:Dublin Core Terms:http://purl. org/dc/terms/

标签:目次

定义:组成电子图书的所有单元的列表。

注释:著录的内容包括章节名称、文档、图形、样式表等。

术语类型:元素修饰词

限定:描述(description)

示例:

目次:第一篇,修辞学 / 亚里士多德著;第二篇,论出版自由/ 弥尔顿著

7.2.3 摘要

名称:abstract

出处:Dublin Core Terms:http://purl. org/dc/terms/

标签:摘要

定义:电子图书内容的摘要。

注释:用自由行文的形式简要描述资源的内容。

术语类型:元素修饰词

限定:描述(description)

示例:

摘要:本书详细介绍了知识管理的起源、流程、模型和案例。

7.2.4 出版日期

名称:issued

出处:国家图书馆电子图书元数据规范和著录规则

标签:出版日期

定义:电子图书出版或颁布的日期。

注释:元数据应用机构可根据具体应用采用其他编码体系修饰词。

术语类型:元素修饰词

限定:日期(data)

编码体系修饰词:GB/T 7408—2005;period。

示例:

出版日期:2000(编码体系 = GB/T 7408—2005)

7.2.5 创建日期

名称：created

出处：Dublin Core Terms：http://purl.org/dc/terms/

标签：创建日期

定义：电子图书创建的日期。

注释：元数据应用机构可根据具体应用采用其他编码体系修饰词。

术语类型：元素修饰词

限定：日期(date)

编码体系修饰词：GB/T 7408—2005；period

示例：

创建日期：1998－01－12(编码体系＝GB/T7408—2005)

7.2.6 获取日期

名称：available

出处：Dublin Core Terms：http://purl.org/dc/terms/

标签：获取日期

定义：电子图书可被使用或被获取的日期。

注释：元数据应用机构可根据具体应用采用其他编码体系修饰词。

术语类型：元素修饰词

限定：日期(date)

编码体系修饰词：GB/T7408—2005；period

示例：

获取日期：2008－01－12/2010－12－31(编码体系＝GB/T 7408—2005)

7.2.7 资源载体

名称：medium

出处：Dublin Core Terms：http://purl.org/dc/terms/

标签：资源载体

定义：电子图书的载体形式。

注释：a)说明电子图书的载体形式，如光盘。

b)同一文件的两种或多种格式保存在不同的载体上，对应于每种格式的资源载体可重复描述。

术语类型：元素修饰词

限定：格式(format)

示例：

资源载体：CD－ROM；HD－ROM

7.2.8 文件大小

名称：extent

出处:Dublin Core Terms:http://purl.org/dc/terms/

标签:文件大小

定义:电子图书的存储容量。

注释:用于注明电子图书存储容量,包括其文件单位代码。

术语类型:元素修饰词

限定:格式(format)

示例:

文件大小:1476KB

7.2.9 页码

名称:page

出处:国家数字图书馆工程电子图书元数据规范

标签:页码

定义:电子图书的标注页码或近似页码。

注释:用于注明电子图书的标注页码或近似页码。

术语类型:元素修饰词

限定:格式(format)

示例:

页码:568 页

7.2.10 技术细节

名称:technique

出处:国家数字图书馆工程电子图书元数据规范

标签:技术细节

定义:与电子图书格式相关的技术环境信息。

注释:用于描述与电子图书格式相关的技术环境细节,如阅读软件与设备、数字化系统、制作软件、扫描分辨率、压缩码、色彩、制作方法、是否有声等。

术语类型:元素修饰词

限定:格式(format)

示例:

技术细节:扫描分辨率:300DPI

7.2.11 包含

名称:has part

出处:Dublin Core Terms:http://purl.org/dc/terms/

标签:包含

定义:说明电子图书在物理上或逻辑上包含了另一资源。

注释:用以揭示电子图书的组成部分,如章节;各组成部分可另行单独著录。

a)被包含资源一般独立存在。

b)元数据应用机构可根据具体应用采用其他编码体系修饰词。

术语类型:元素修饰词

限定:关联(relation)

编码体系修饰词:URI;DOI;ISBN

示例:

包含:http://reference. lib. sjtu. edu. cn/cgi-bin/detailframe. cgi? 30202368&10&343&9 * * &1(编码体系 = URI)

7.2.12 包含于

名称:is part of

出处:Dublin Core Terms:http://purl. org/dc/terms/

标签:包含于

定义:说明电子图书是另一资源的物理或逻辑组成部分。

注释:用以揭示电子图书所从属的资源,电子图书的丛编名称及资源标识著录于此。包含资源一般独立存在。元数据应用机构可根据具体应用采用其他编码体系修饰词。

术语类型:元素修饰词

限定:关联(relation)

编码体系修饰词:URI;DOI;ISBN

示例:

包含于:http://www. jsshedu. net. cn/pfsk/71/(编码体系 = URI)

7.2.13 参照

名称:references

出处:Dublin Core Terms:http://purl. org/dc/terms/

标签:参照

定义:说明电子图书参照、引用或以其他方式指向另一资源。

注释:著录被参照的其他资源。一般用字符串或数字代码标识被参照资源。被参照资源一般独立存在。元数据应用机构可根据具体应用采用其他编码体系修饰词。

术语类型:元素修饰词

限定:关联(relation)

编码体系修饰词:URI;DOI;ISBN

示例:

参照:http://avel. edu. au (编码体系 = URI)

7.2.14 被参照

名称:is referenced by

出处:Dublin Core Terms:http://purl. org/dc/terms/

标签:被参照

定义:说明另一资源参照、引用或以其他方式指向本电子图书。

注释:著录参照本资源的其他资源。一般用字符串或数字代码标识其他资源。参照资源一般独立存在。元数据应用机构可根据具体应用采用其他编码体系修饰词。

术语类型:元素修饰词

限定:关联(relation)

编码体系修饰词:URI;DOI;ISBN

示例:

被参照:http://www. edna. edu. au/metadata(编码体系 = URI)

7.2.15 其他版本

名称:has version

出处:Dublin Core Terms:http://purl. org/dc/terms/

标签:其他版本

定义:说明另一资源是本电子图书的不同版本。

注释:著录其他版本的相关资源。一般用字符串或数字代码标识其他资源。其他版本资源一般独立存在。元数据应用机构可根据具体应用采用其他编码体系修饰词。

术语类型:元素修饰词

限定:关联(relation)

编码体系修饰词:URI;DOI;ISBN

示例:

其他版本:http://202. 121. 226. 4/bookhtm/book. asp? lib = 00120401(编码体系 = URI)

7.2.16 原版本

名称:is version of

出处:Dublin Core Terms:http://purl. org/dc/terms/

标签:原版本

定义:说明另一资源是本电子图书的原版本。

注释:著录原版本资源。一般用字符串或数字代码标识原版本资源。原版本资源一般独立存在。元数据应用机构可根据具体应用采用其他编码体系修饰词。

术语类型:元素修饰词

限定:关联(relation)

编码体系修饰词:URI;DOI;ISBN

示例:

原版本:7 - 5635 - 0025 - 1 (编码体系 = ISBN)

7.2.17 其他格式

名称:has format

出处:Dublin Core Terms:http://purl. org/dc/terms/

标签:其他格式

定义:说明另一资源派生自本电子图书,且内容完全相同,仅以不同的格式存在。

注释:著录其他格式的相关资源。一般用字符串或数字代码标识其他相关资源。其他格式一般独立存在。元数据应用机构可根据具体应用采用其他编码体系修饰词。

术语类型:元素修饰词

限定:关联(relation)

编码体系修饰词:URI;DOI;ISBN

示例:

其他格式:http://www.pdasky.com/soft/6505.htm(编码体系 = URI)

7.2.18 原格式

名称:is format of

出处:Dublin Core Terms:http://purl.org/dc/terms/

标签:原格式

定义:说明本电子图书派生自另一资源,且内容完全相同,仅以不同的格式存在。

注释:著录原格式的相关资源。一般用字符串或数字代码标识原格式资源。原格式资源一般独立存在。元数据应用机构可根据具体应用采用其他编码体系修饰词。

术语类型:元素修饰词

限定:关联(relation)

编码体系修饰词:URI;DOI;ISBN

示例:

原格式:http://book.sina.com.cn/nzt/lit/tianheiyihou/1.shtml(编码体系 = URI)

7.2.19 时间范围

名称:temporal

出处:Dublin Core Terms:http://purl.org/dc/terms/

标签:时间范围

定义:电子图书内容的时间特征。

注释:著录电子图书内容涉及的时间特征。包括时代、日期、时间段。建议时间的表达采用受控的词汇。

术语类型:元素修饰词

限定:时空范围(coverage)

编码体系修饰词:period;GB/T7408—2005

示例:

时间范围:清代

7.2.20 空间范围

名称:spatial

出处:Dublin Core Terms:http://purl.org/dc/terms/

标签:空间范围

定义:电子图书内容的空间特征。

注释:著录电子图书内容涉及的空间特征。包括地点、地理坐标。建议空间的表达采用受控的词汇。

术语类型:元素修饰词

限定:时空范围(coverage)

编码体系修饰词:point;GB/T 2659—2000

示例:

空间范围:name = Perth,W. A. ;east = 115. 85717;north = -31. 95301(编码体系 = point)

7.2.21 版权拥有者

名称:rights holder

出处:Dublin Core Terms:http://purl. org/dc/terms/

标签:版权拥有者

定义:拥有电子图书版权的个体或机构的名称。

术语类型:元素修饰词

限定:权限(rights)

示例:

版权拥有者:北大方正

7.2.22 使用权限

名称:access rights

出处:Dublin Core Terms:http://purl. org/dc/terms/

标签:使用权限

定义:授权使用电子图书的个人、机构,及所授访问使用权限信息。

注释:用于著录授权使用电子图书的个人与机构,及说明资源的使用访问条件与政策。

术语类型:元素修饰词

限定:权限(rights)

示例:

使用权限:国家图书馆

7.3 编码体系修饰词

7.3.1 美国国会图书馆主题词表

名称:LCSH

出处:http://lcweb. loc. gov/cds/lcsh. html

标签:美国国会图书馆主题词表

定义:美国国会图书馆主题词表。

术语类型:编码体系修饰词

编码体系应用于:主题(subject)

示例:

主题词:Clarinet and piano music

编码体系修饰词:LCSH

7.3.2 医学主题词表

名称:MESH

出处:http://www.ncbi.nlm.nih.gov/mesh

标签:医学主题词表

定义:医学主题词表。

术语类型:编码体系修饰词

编码体系应用于:主题(subject)

示例:

主题词:Nervous system neoplasms

编码体系修饰词:MeSH

7.3.3 杜威十进分类法

名称:DDC

出处:http://www.oclc.org/dewey/

标签:杜威十进分类法

定义:杜威十进分类法。

术语类型:编码体系修饰词

编码体系应用于:主题(subject)

示例:

分类号:911

编码体系修饰词:DDC

7.3.4 美国国会图书馆分类法

名称:LCC

出处:http://classificationweb.net/

标签:美国国会图书馆分类法

定义:美国国会图书馆分类法。

术语类型:编码体系修饰词

编码体系应用于:主题(subject)

示例:

分类号:Z666

编码体系修饰词:LCC

7.3.5 国际十进分类法

名称:UDC

出处:http://www.udcc.org/

标签:国际十进分类法

定义:国际十进分类法。

术语类型:编码体系修饰词

编码体系应用于:主题(subject)

示例:

分类号:621.396.9

编码体系修饰词:UDC

7.3.6 汉语主题词表

名称:CT

出处:中国科学技术情报研究所,北京图书馆编. 汉语主题词表. 北京: 科学技术文献出版社,1979

标签:汉语主题词表

定义:汉语主题词表。

术语类型:编码体系修饰词

编码体系应用于:主题(subject)

示例:

主题:公共图书馆

编码体系修饰词:CT

7.3.7 中国分类主题词表

名称:CCT

出处:中国图书馆分类法编辑委员会. 中国分类主题词表. 第2版. 北京:北京图书馆出版社,2005

标签:中国分类主题词表

定义:中国分类主题词表。

术语类型:编码体系修饰词

编码体系应用于:主题(subject)

示例:

主题词:地方戏

编码体系修饰词:CCT

7.3.8 中国图书馆分类法

名称:CLC

出处:国家图书馆《中国图书馆分类法》编辑委员会. 中国图书馆分类法. 第5版. 北京: 国家图书馆出版社,2010

标签:中国图书馆分类法

定义:中国图书馆分类法。

术语类型:编码体系修饰词

编码体系应用于:主题(subject)

示例:

分类号:J647.43

编码体系修饰词:CLC

7.3.9 中国科学院图书馆图书分类法

名称:LASC

出处:中国科学院图书馆图书分类法．北京:科学出版社,1994

标签:中国科学院图书馆图书分类法

定义:中国科学院图书馆图书分类法。

术语类型:编码体系修饰词

编码体系应用于:主题(subject)

示例:

分类号:58.19

编码体系修饰词:LASC

7.3.10 统一资源标识符

名称:URI

出处:http://www.ietf.org/rfc/rfc3986.txt

标签:统一资源标识符

定义:统一资源标识符。

术语类型:编码体系修饰词

编码体系应用于:关联(relation);包含(has part);包含于(is hart of);参照(references);被参照(is referenced by);其他版本(has version);原版本(is version of);其他格式(has format);原格式(is format of);标识符(identifier);来源(source)

示例:

标识符:http://www.dlf.net.cn/articleshow.asp? goods_name=2013%C4%EA%B5%DA1%C6%DA

编码体系修饰词:URI

7.3.11 国际标准图书编号

名称:ISBN

出处:http://www.isbn.org/standards/home/isbn/international/index.asp

标签:国际标准书号

定义:国际标准书号。

术语类型:编码体系修饰词

编码体系应用于:关联(relation);包含(has part);包含于(is hart of);参照(references);被参照(is referenced by);其他版本(has version);原版本(is version of);其他格式(has format);原格式(is format of);标识符(identifier);来源(source)

示例:

标识符:7-88000-781-4

编码体系修饰词:ISBN

7.3.12 数字对象唯一标识符

名称:DOI

出处:http://www.doi.org/

标签:数字对象标识

定义:数字对象标识。

术语类型:编码体系修饰词

编码体系应用于:关联(relation);包含(has part);包含于(is hart of);参照(references);被参照(is referenced by);其他版本(has version);原版本(is version of);其他格式(has format);原格式(is format of);标识符(identifier);来源(source)

示例:

标识符:10. 1007/s00261 - 012 - 9855 - 9

编码体系修饰词:DOI

7.3.13 GB/T 7408—2005

名称:GB/T 7408—2005

出处:GB/T 7408—2005 数据元和交换格式 信息交换 日期和时间表示法

标签:数据元和交换格式 信息交换 日期和时间表示法

定义:关于日期和时间编码规则的国家标准。

术语类型:编码体系修饰词

编码体系应用于:日期(date);出版日期(issued);创建日期(created);获取日期(available);时空范围(coverage);时间范围(temporal)

示例:

日期:2009 - 03 - 08

编码体系修饰词:GB/T7408—2005

7.3.14 Point

名称:Piont

出处:http://dublincore. org/documents/dcmi-point/

标签:DCMI 地理位置

定义:DCMI 地理位置,用地理坐标值来指明地点。

术语类型:编码体系修饰词

编码体系应用于:时空范围(coverage);空间范围(spatial)

示例:

空间范围:name = Perth, W. A. ;east = 115. 85717;north = - 31. 95301

编码体系修饰词:point

7.3.15 GB/T 2659—2000

名称:GB/T 2659—2000

出处:GB/T 7408—2005,世界各国和地区名称代码

标签:世界各国和地区名称代码

定义:关于国家和地区代码的国家标准。

术语类型:编码体系修饰词

编码体系应用于:时空范围(coverage);空间范围(spatial)

示例：

空间范围：CN

编码体系修饰词：GB/T 2659—2000

7.3.16 Period

名称：period

出处：http://dublincore.org/documents/dcmi-period/

标签：DCMI 时间编码规则

定义：表示时间间隔的一种方法。

术语类型：编码体系修饰词

编码体系应用于：日期（date）；出版日期（issued）；创建日期（created）；获取日期（available）；时空范围（coverage）；时间范围（temporal）

示例：

日期：Period name = 抗日战争时期；start：1937；end：1945

编码体系修饰词：period

7.3.17 DCMIType

名称：DCMIType

出处：http://dublincore.org/documents/dcmi-type-vocabulary/

标签：DCMI 资源类型表

定义：用来对资源内容的性质或种类进行分类的类型词汇列表。

术语类型：编码体系修饰词

编码体系应用于：类型（type）

示例：

类型：Text

编码体系修饰词：DCMIType

7.3.18 IMT

名称：IMT

出处：http://www.iana.org/assignments/media-types/ebook/

标签：因特网媒体类型

定义：资源的因特网媒体类型。

术语类型：编码体系修饰词

编码体系应用于：格式（format）

示例：

格式：text/xml

编码体系修饰词：IMT [MIME]

7.3.19 GB/T 4880.2—2000

名称：GB/T 4880.2—2000

出处:GB/T 4880.2—2000 语种名称代码　第2部分:3字母代码

标签:语种名称代码　第2部分:3字母代码

定义:关于语种识别代码的国家标准。

术语类型:编码体系修饰词

编码体系应用于:语种(language)

示例:

语种:chi

编码体系修饰词:GB/T 4880.2—2000

7.3.20　RFC 4646

名称:RFC 4646

出处:http://www.ietf.org/rfc/rfc4646.txt

标签:RFC 4646 语种识别标签集合

定义:根据 RFC 4646 确定的语种识别标签集合。

术语类型:编码体系修饰词

编码体系应用于:语种(language)

示例:

语种:zh

编码体系修饰词:RFC 4646

7.3.21　GB/T 12406—2008

名称:GB/T 12406—2008

出处:GB/T 12406—2008,表示货币和资金的代码

标签:表示货币和资金的代码

定义:关于价格的货币和资金代码的国家标准。

术语类型:编码体系修饰词

编码体系应用于:价格(price)

示例:

价格:CNY100

编码体系修饰词:GB/T 12406—2008

参考文献

[1] 上海图书馆. 都柏林核心元数据中文网[OL]. [2009-11-06]. http://dc.library.sh.cn/

[2] 肖珑,申晓娟. 国家图书馆元数据应用总则规范汇编[M]. 北京:国家图书馆出版社,2011

[3] 国外元数据标准比较研究报告[OL]. [2009-11-06]. http://www.idl.pku.edu.cn/pdf/metadata1.pdf

[4] 吴建中. DC 元数据. 上海: 上海科学技术文献出版社,2000

[5] 上海图书馆. Dublin Core 元数据元素集参考描述(版本 1.1),1999

[6] Dublin Core Metadata Initiative (DCMI). DCMI Metadata Terms [OL]. [2011-05-19]. http://dublincore.org/documents/dcmi-terms/

[7] Library of Congress. Metadata Object Description Schema: MODS [OL]. [2011-07-14]. http://www.loc.gov/standards/mods/

[8] The Digital Library Federation. The Making of America II [OL]. [2009-09-22]. http://sunsite.berkeley.edu/moa2/

[9] Alan Hopkinson. UNIMARC Manual: Bibliographic Format [M]. München: K. G. Saur,2008

ISBN 978-7-5013-5747-5

定价：20.00 元